BEI GRIN MACHT SICH IHR
WISSEN BEZAHLT

- Wir veröffentlichen Ihre Hausarbeit,
  Bachelor- und Masterarbeit

- Ihr eigenes eBook und Buch -
  weltweit in allen wichtigen Shops

- Verdienen Sie an jedem Verkauf

Jetzt bei www.GRIN.com hochladen
und kostenlos publizieren

Bibliografische Information der Deutschen Nationalbibliothek:

Die Deutsche Bibliothek verzeichnet diese Publikation in der Deutschen National-
bibliografie; detaillierte bibliografische Daten sind im Internet über http://dnb.d-
nb.de/ abrufbar.

Dieses Werk sowie alle darin enthaltenen einzelnen Beiträge und Abbildungen
sind urheberrechtlich geschützt. Jede Verwertung, die nicht ausdrücklich vom
Urheberrechtsschutz zugelassen ist, bedarf der vorherigen Zustimmung des Verla-
ges. Das gilt insbesondere für Vervielfältigungen, Bearbeitungen, Übersetzungen,
Mikroverfilmungen, Auswertungen durch Datenbanken und für die Einspeicherung
und Verarbeitung in elektronische Systeme. Alle Rechte, auch die des auszugsweisen
Nachdrucks, der fotomechanischen Wiedergabe (einschließlich Mikrokopie) sowie
der Auswertung durch Datenbanken oder ähnliche Einrichtungen, vorbehalten.

Impressum:

Copyright © 2016 GRIN Verlag, Open Publishing GmbH
Druck und Bindung: Books on Demand GmbH, Norderstedt Germany
ISBN: 9783668572775

Dieses Buch bei GRIN:

http://www.grin.com/de/e-book/380617/trainingslehre-beweglichkeits-und-koordi-
nationstraining

Anonym

Trainingslehre. Beweglichkeits- und Koordinationstraining

Trainingsplan für eine 45-jährige Frau zur Verbesserung der Koordination und Beweglichkeit

GRIN Verlag

GRIN - Your knowledge has value

Der GRIN Verlag publiziert seit 1998 wissenschaftliche Arbeiten von Studenten, Hochschullehrern und anderen Akademikern als eBook und gedrucktes Buch. Die Verlagswebsite www.grin.com ist die ideale Plattform zur Veröffentlichung von Hausarbeiten, Abschlussarbeiten, wissenschaftlichen Aufsätzen, Dissertationen und Fachbüchern.

Besuchen Sie uns im Internet:

http://www.grin.com/

http://www.facebook.com/grincom

http://www.twitter.com/grin_com

Deutsche Hochschule für

Prävention und Gesundheitsmanagement

Hermann Neuberger Sportschule 3

66123 Saarbrücken

Einsendeaufgabe

Fachmodul: Trainingslehre III

Studiengang: Fitnessökonomie

Datum

Präsenzphase   **02.11.2016 - 04.11.2016**

Inhaltsverzeichnis

1   Personendaten

1.1   Datensammlung der Person XY

Tabelle 1: Allgemeine und biometrische Daten zur Person XY (eigene Darstellung)

Parameter	Daten	Bewertung
Alter in jahren	45 Jahre	Die Person XY ist aufgrund ihrer biometrischen Daten voll belastbar. Sie ist mittleren Alters und normalgewichtig.
Geschlecht	weiblich	
Körpergröße in cm	172 cm	
Körpergewicht in kg	60 kg	
Beruf	Steuergehilfin --> überwiegend sitzend --> PC Arbeit --> 4 Tage Woche	Ihr Beruf verlangt längeres Sitzvermögen, wodurch die Wirbelsäule auf Dauer stark beansprucht wird. Bewegung ist deshalb umso wichtiger. Ihr Beruf schränkt sie in ihrer Trainierbarkeit nicht ein.
Aktuelle sportliche Aktivitäten	seit mehr als 10 Jahren: - Besuch von Kursen (überwiegend funktionsgymnastisch) - Joggen 2-4 x wöchentlich (Leistungsstand: Fortgeschritten)	Da die Person XY sowohl früher als auch heute regelmäßig Sport betreibt, ist sie voll belastbar.
Frühere sportliche Aktivitäten	vor ca. 20 Jahren bis zu 4 mal wöchentlich: - Rennradfahren (Sommer) - Spinning (Winter) (Leistungsstand: Fortgeschritten)	
Verletzungen	/	voll belastbar
Orthopädische Probleme	/	voll belastbar
Internistische Probleme	/	voll belastbar
Ärztliche Behandlungen	/	voll belastbar
Einnahme von Medikamenten	/	voll belastbar
Subjektive Beschwerden	- Gefühl der eingeschränkten Beweglichkeit (vorrangig in den Beinen) - Nackenverspannungen - leichte Schmerzen im Lendenwirbelbereich - sporadisch leichte Knieschmerzen nach dem Joggen	
Trainingsmotive	- Verbesserung der Beweglichkeit - Steigerung der Körperstabilität - Knie- und Rückenschmerzen loswerden	
Zeitlicher Verfügungsrahmen	- Montag bis Donnerstag ab 16 Uhr - sonst zeitlich flexibel - Sonntags keine Zeit	

Die Person XY ist insgesamt voll belastbar. Ihr Alter sowie ihr Gewicht lassen eine fordernde sportliche Aktivität zu. Sie betreibt seit langem regelmäßig Sport und ist somit kein Beginner mehr. Mit einem Beweglichkeitstraining hat sie allerdings noch keine Erfahrungen gesammelt. Da sie in ihrem Beruf viel sitzt, braucht sie dazu körperliche Betätigung als Ausgleich. Die spordisch auftretenden, leichten Schmerzen in den Knien und im Rücken, sollte man bei der Erstellung des Plans bedenken und ausprobieren inwieweit bestimmte Übungen möglich sind. Ansonsten hat sie keine Einschränkungen und kann somit als sehr gut trainierbar eingeschätzt werden.

2 Beweglichkeitstestung

2.1 Durchführung des Muskelfunktionstest

Die Person XY wird anschließend auf Beweglichkeitsdefizite getestet. Im Folgenden wird die allgemeine Testausführung nach Janda beschrieben.

Tabelle 2: Manueller Beweglichkeitstest - Durchführung (eigene Darstellung)

Muskelgruppe	Durchführung
Brustmuskulatur (M.pectoralis major)	**Testperson** - Rückenlage - Beine angewinkelt - LWS liegt auf Liegefläche auf - einen Arm zur Seite strecken - 90° Winkel im Ellbogengelenk **Tester** - Rippenbogen auf gegenüberliegenden Seite mit einer Hand fixieren - andere Hand übt leichten druck auf den zur Seite gestreckten Oberarm aus
Hüftbeugemuskulatur (M. iliopsoas)	**Testperson** - Gesäß am Ende der Liege - Rückenlage - ein Bein angewinkelt so weit wie möglich zum Körper ziehen - andere Bein hängen lassen - Becken + LWS halten Kontakt zur Liegefläche **Tester** - Beobachtung des frei hängenden Beins - evtl. Hand unter LWS
Kniestreckmuskulatur (M. rectus femoris)	**Testperson** - siehe Hüftbeugemuskulatur **Tester** - Fixierung des hängenden Beins im größtmöglichen Hüftextensionswinkel - zusätzlich maximale Beugung im Kniegelenk

Muskelgruppe	Durchführung
Kniebeugemuskulatur (Mm. ischiocrurales)	**Testperson** - Rückenlage - ein Bein angewinkelt aufstellen - ein Bein gestreckt ablegen - Becken und Lendenwirbelsäule hält Kontakt zur Liegefläche **Tester** - gestreckte Bein in größtmögliche Hüftflexion führen - Bein muss im Kniegelenk gestreckt bleiben
Wadenmuskulatur (Mm. triceps surae)	**Testperson** - Rückenlage - Ein Bein angewinkelt aufstellen - angewinkelt aufstellen **Tester** - eine Hand zieht an der Ferse, die andere Hand drückt Vorfuß an der Außenkante in Richtung des Schienbeins

2.2 Bewertung des Beweglichkeitstests

Die Tabelle zeigt die Einschätzung der Beweglichkeit nach Janda in drei Stufen.

Tabelle 3: Manueller Beweglichkeitstest - Bewertung (eigene Darstellung)

Muskelgruppe	Stufe 0 (keine Defizite)	Stufe 1: (Leichte Defizite)	Stufe 2: (Deutliche Defizite)
Brustmuskulatur (M.pectoralis major)	Oberarm erreicht Horizontale; Oberarm kann durch leichten Druck unterhalb die Horizontale bewegt werden	Oberarm erreicht horizontale nicht; durch Druck kann Arm bis zur Horizontale bewegt werden	Oberarm erreicht selbst durch Druck die Horizontale nicht
Hüftbeugemuskulatur (M. iliopsoas)	Oberschenkel erreicht Horizontale; Oberschenkel kann durch leichten Druck unterhalb die Horizontale bewegt werden	leichte Hüftbeugestellung; durch Druck kann Oberschenkel bis zur Horizontale bewegt werden	Oberschenkel erreicht selbst durch Druck die Horizontale nicht
Kniestreckmuskulatur (M. rectus femoris)	Unterschenkel senkrecht; Kniebeuge kann durch leichten Druck vergrößert werden	Unterschenkel leicht nach vorne gestreckt, durch Druck kann ein 90° Beugewinkel im hängenden Knie erreicht werden	Unterschenkel deutlich nach vorne gestreckt, 90° Beugewinkel wird nicht erreicht
Kniebeugemuskulatur (Mm. ischiocrurales)	Hüftflexion bis zu 90° möglich	Hüftflexion zwischen 80-90° möglich	Hüftflexion unter 80
Wadenmuskulatur (Mm. triceps sura)	90° zwischen Unterschenkel und Fußrücken möglich	90° nicht möglich, Dorsalextension möglich	Dorsalextension eingeschränkt möglich

2.3 Auswertung des Beweglichkeitstests der Person XY

Tabelle 4: Manueller Beweglichkeitstest der Person XY (eigene Darstellung)

Übungsbild	Stufe			Bewertung
	0	1	2	
Brustmuskulatur (M.pectoralis major)	X			Stufe 0: Keine Defizite --> Arm erreicht problemlos Horizontale und erreicht selbst ohne Druck den Bereich unterhalb der Horizontalen
Hüftbeugemuskulatur (M. iliopsoas)		X		Stufe 1: Leichte Defizite --> Hüfte ist noch leicht gebeugt und erreicht geradeso durch Druck die Horizontale
Kniestreckmuskulatur (M. rectus femoris)		X		Stufe 1: Leichte Defizite --> Knie erreicht nur durch Druck in eingenommener Position einen Winkel von 90°
Kniebeugemuskulatur (Mm. ischiocrurales)		X		Stufe 1: Leichte Defizite --> Bein konnte bis zu 80° gebeugt werden
Wadenmuskulatur (Mm. triceps surae)	X			Stufe 0: Keine Defizite --> Fußgelenk konnte bis zu einem 90° Winkel gebeugt werden

3 Trainingsplanung Beweglichkeitstraining

Übung	Sätze	Dauer	Dehnform	Arbeitsweise
1. Oberschenkelrückseite im Liegen mit Seil	2	45 sek pro Seite	passiv	statisch
2. Oberschenkeldehnung in Seitlage	2	45 sek pro Seite	passiv	statisch
3. Halber Drehsitz	2	45 sek pro Seite	passiv	statisch
4. geschlossene Winkelhaltung im Sitzen	2	45 sek	aktiv	statisch
5. Mohammed Position	2	45 sek	passiv	statisch
6. Herabschauender Hund	2	10 Wdh pro Seite	passiv	dynamisch
7. Die Heldenhaltung	2	45 sek	passiv	statisch
8. Umarmen des Oberkörpers	2	Spannung: 6 sek Entspannen: 4 sek Dehnung: 20 sek --> 2 Wdh	aktiv	postisometrisch
9. Brustdehnung	2	10 Wdh	aktiv	dynamisch
10. Stand mit Seitneigung	2	10 Wdh zu jeder Seite	aktiv	dynamisch

Tabelle 5: Trainingsplan Beweglichkeitstraining (eigene Darstellung)

Übung + Beschreibung	Zielmuskulatur
1. Oberschenkelrückseite im Liegen mit Seil - Rückenlage - Lendenwirbelsäule hat Bodenkontakt - ein Bein angewinkelt zum Körper ziehen - die Mitte eines Therabands oder eines Tuchs auf Fußballen legen - Bein langsam komplett strecken - Ferse vom Körper wegschieben, Zehen anziehen - Arme halten Band und ziehen, bis eine deutliche Dehnung auftritt (Meyer & Albrecht, 2015, S.86)	Mm. ischiocrurales
2. Oberschenkeldehnung in Seitlage - gestreckte Seitlage - unteren Arm unter den Oberkörper nach hinten legen zur Stabilisation - unteres Bein soweit wie möglich nach oben hin anwinkeln - Becken nach vorne kippen, Hüfte gerade lassen - oberes Bein im Kniegelenk beugen - oberer Arm hält gebeugtes Bein am Fußgelenk fest und zieht bis zur maximalen Beugung vorsichtig an - darauf achten, dass der Oberschenkel parallel zum Boden bleibt	M. quadriceps femoris
3. Halber Drehsitz - gerader Sitz mit gestreckten Beinen - linkes Bein anwinkeln und zum Körper ziehen - Fuß dieses Beins über das rechte Bein neben das Knie stellen - Fuß soweit entfernt vom Körperabsetzen, dass ein aufgerichtetes Becken möglich ist - komplette linke Fußsohle soll Bodenkontakt haben - Arm auf der Seite des gestreckten Beins umgreift angewinkeltes Knie - mit der linken Hand hinter dem Gesäß abstützen - Oberkörper aus unterem Rücken Wirbel für Wirbel heraus nach links aufdrehen - Schultern auf einer Höhe und Gesäßhälften haben Bodenkontakt (vgl. Trökes, 2010, S. 148)	M. gluteus maximus
4. Die geschlossene Winkelhaltung im Sitzen - aufrechter Sitz (gerader Rücken, aufgerichtetes Becken, Brustkorb raus strecken) - Fußsohlen aneinander legen - Füße an den Gelenken soweit wie möglich zum Körper ziehen - Knie Richtung Boden sinken lassen und aktiv nach unten drücken (vgl. Trökes, 2010, S. 83)	M. adductor ***Antagonist:*** M. gluteus maximus
5. Mohammed Position - Vierfüßlerstand (Knie über Hüftgelenke, Schultern über Handgelenke) - Gesäß nach hinten absenken bis zum Sitz auf Unterschenkel - Arme gestreckt lassen, Hände behalten Kontakt zum Boden - nach vorne ziehen und Brust absenken (vgl. Seijas, 2016, S. 40)	M. teres major M. latissimus dorsi
6. "Herabschauender Hund" - Vierfüßlerstand mit aufgestellten Zehen (Knie unter Hüftgelenken, Handgelenke unter Schultern, Arme und Beine parallel zueinander, Finger gespreizt) - Gewichtsverlagerung von Knien auf Füße --> Knie abheben - Gesäß zur Decke schieben, Knie bleiben aber gebeugt - Oberkörper nach hinten/ oben schieben, Arme bleiben gestreckt - Schultern von den Ohren wegdrücken - Fersen so weit wie möglich zum Boden sinken lassen - abwechselnd linke, dann rechte Ferse zum Boden absenken (vgl. Trökes, 2010, S. 130)	Mm.Gastrocnemius Mm. ischiocrurales

Übung + Beschreibung	Zielmuskulatur
7. Die Heldenhaltung - aus der Hundehaltung heraus ein Bein nach vorne bringen, Fuß zwischen die Handflächen stellen - Bauch liegt auf vorderem Oberschenkel auf - hintere Knie auf Airex Kissen ablegen - Becken nach vorne/unten senken, bis Dehnung in der Leiste spürbar wird - Schultern von den Ohren wegdrücken - Seitenwechsel (Bein zurückstellen,aus dieser Liegestützposition anderes Bein nach vorne stellen) (vgl. Trökes, 2010, S. 91,92)	M. iliopsoas
8. Umarmen des Oberkörpers - aufrechter Stand - Arme zur Seite strecken mit 90° Winkel im Ellbogengelenk - durch Kontraktion des oberen Rücken Ellbogen nach hinten zusammen ziehen - komplett entspannen - Umarmen des Oberkörpers mit eigenen Armen auf Höhe der Schulterblätter - mit den Fingerspitzen in Richtung der Wirbelsäule ziehen (vgl. Seijas, 2016, S. 46)	M. trapezius *Antagonist:* *M.pectoralis major*
9. Brustdehnung - aufrechter Stand - Arme auf Schulterhöhe zur Seite strecken - Becken nach vorne kippen - Schulterblätter durch Anspannung des Rückens und der Schultern nach hinten ziehen - Spannung lösen und Vorgang wiederholen	M.pectoralis major *Antagonist:* *M. trapezius*
10. Stand mit Seitneigung - aufrechter Stand - linken Arm gerade nach oben strecken, Handfläche zeigt nach vorne - Rumpf abwechselnd nach links und rechts beugen (vgl. Seijas, 2016, S. 42)	M. latissmus dorsi *Antagonist:* M. obliquus externus + internus

Begründung

Bei der Reihenfolge der Dehnübungen wurde darauf geachtet, dass ein flüssiger Übergang bei Übungswechsel möglich ist. Um die Verletzungsgefahr zu reduzieren, beginnt der Trainingsplan im Sitzen und endet im Stehen (Walker, 2009, S.38).

Bei allen Übungen muss auf eine gleichmäßige Ein- und Ausatmung geachtet werden, denn sie liefert dem Körper Sauerstoff und somit Energie (Waesse,1995, S. 16).

Da die Person XY Dehnanfänger ist, wurden pro Seite 2 Sätze zu je 45 Sekunden festgelegt. Die Dauer des Dehnreizes kann längerfristig bis zu 60 Sekunden gesteigert werden, um den besten größten Erfolg zu erreichen (Walker, 2009, S.37).

Bei den Übungen 1 bis 4 wurde der Schwerpunkt auf die Dehnung der Beine und des Gesäß gelegt, da besonders die Oberschenkel sowohl vorne als auch hinten verkürzt sind. Bei den 4 Übungen wird jeweils der Agonist und der Antagonist gedehnt. Die ausgewählten Dehnübungen sollen außerdem dem Spannungsgefühl in den Beinen entgegenwirken. Die Probandin klagt zusätzlich über leichte Knieschmerzen nach dem Laufen. Ein angemessener Beweglichkeitsumfang in den Beinen sollte bei einer regelmäßigen, sportlichen Belastung wie Joggen gegeben sein, um die Kniegelenke zu entlasten (Joyce & Lewindon, 2016, S. 73). Aufgrund der Verkürzung von Oberschenkelvorder- und Rückseite ist dies bei der Person XY nicht der Fall. Deshalb wurden diese Übungen in den Trainingsplan aufgenommen. Die erste Übung wird mit einem Band als Hilfsmittel ausgeführt, da de Person noch zu unbeweglich ist, um mit den Armen zum gestreckten Bein zu kommen. Bei der Dehnung der Oberschenkelvorderseite wird versucht den Hüftbeuger durch das gebeugte untere Knie herauszunehmen, um spezifischer den M. quadriceps femoris zu erreichen.

Die Person XY muss aufgrund ihres Berufs oft mehrere Stunden sitzen, was für ihren Rücken eine dauerhafte Belastung darstellt. Die Mohammed-Position dient als Ausgleich für ihren Oberkörper aus der alltäglichen vorgebeugten Position (Seijas, 2016, S.40). Durch die Streckung der Arme und dem Senken des Brustkorbs, wird auch die Schulterpartie in eine offene Position gebracht und gedehnt.

Der "herabschauende Hund" ist eine der beliebtesten Übungen aus dem Yoga. Er "korrigiert einen Rundrücken, weil die Brustwirbelsäule gestreckt wird" (Trökes, 2010, S.130) und "entstaucht und entlastet die Lendenwirbelsäule"(Trökes, 2010, S.130). Die Position wurde als Ausgleich für die Wirbelsäule von den Alltagsbelastungen ausgewählt. Die Waden werden auch gedehnt, wodurch die Spannung in den Waden sinken soll. Durch die leicht gebeugten Knie ist diese Übung auch mit einer verkürzten Beinrückseite möglich.

Von dieser Übung kann man direkt in die Heldenhaltung über gehen. Durch die Dehnung der Hüftbeuger übt sie eine Gegenbewegung ihrer überwiegend sitzenden Position aus. Außerdem werden die rumpfaufrichtenden Muskeln gekräftigt, die für eine gerade Haltung entscheidend sind.

Weiter geht es mit den letzten drei stehenden aktiven Übungen. Das Umarmen des Oberkörpers soll ihre Brustwirbelsäule dehnen und dort Verspannungen, hervorgerufen durch langes Sitzen, mindern (Seijas, 2016, S.46). Anschließend wird der Antagonist, die Brust gedehnt. Die aktive Dehnung wurde ausgewählt, weil gleichzeitig der obere Rücken gekräftigt wird. Am Schreibtisch nimmt man meist eine zusammengesunkene Haltung ein. Diese Übung öffnet den Brustkorb. Aus diesem Grund ist sie auch am Ende des Plans, um die Person XY mit einer offenen Haltung aus dem Training gehen zu lassen. Dasselbe soll auch die seitliche Rumpfneigung bewirken. Die Probandin hat nun alles wichtige gedehnt und beendet den Trainingsplan mit einer gestreckten und offenen Haltung. Das Program soll mindestens dreimal wöchentlich durchgeführt werden.

4 Trainingsplanung Koordinationstraining

Tabelle 6: Trainingsplan Koordinationstraining (eigene Darstellung)

Übung	Beschreibung
1. Feldhopser I	- Seil bzw. Klebeband in gerader Linie auf dem Boden befestigen - fester Stand hinter der Linie - Sprünge vom hinteren ins vordere Feld und zurück 1. Landung auf linkem Fuß 2. Landung auf rechtem Fuß 3. Landung mit beiden Beinen Rhythmus links - rechts - beide - links - rechts - beide --> Wiederholungen und später Seitenwechsel (erste Landung auf rechtem Bein)
2. Feldhopser II	neuer Rhythmus links - rechts - beide - rechts - links -beide --> Seitenwechsel
3. Drehballtanz I	- Person XY steht mit Rücken zu Hilfsperson - diese gibt Richtungsanweisung "links" oder "rechts" und wirft anschließend einen Ball in Richtung der Person XY - Person XY dreht sich in angegebener Richtung um, fängt mit angegebener Seite den Ball und stellt das gegengleiche Bein nach vorne
4. Drehballtanz II	- Richtungsanweisung vertauscht --> Person muss alles in genau anderer Richtung ausführen
5. Einbeinstand I	- vorerst beide Füße auf dem Boden mit gleichmäßiger Gewichtsverteilung auf den Fußsohlen - Gewichtsverlagerung auf einen Fuß - anderen Fuß abheben - Standbein gebeugt lassen --> Seitenwechsel
6. Einbeinstand II *+ geschlossenen Augen*	- sicheren Einbeinstand einnehmen - Augen schließen --> Seitenwechsel
7. Standwaage I	- sicheren Einbeinstand einnehmen - Bein nach hinten strecken - Oberkörper nach vorne neigen - Arme über Kopf strecken - gehobenes Bein, Oberkörper und Arme sollen eine waagrechte Linie bilden --> Seitenwechsel
8. Standwaage II *+Blickrichtungswechsel*	- Standwaage einnehmen - Blickrichtung verändern, indem er mit den Augen einen Stift verfolgt, der von einem Partner langsam bewegt wird

Übung	Beschreibung
9. Standwaage III + *Blickrichtungswechsel* + *Airexkissen*	- Einbeinstand auf Airexkissen - Standwaage einnehmen - Blickrichtungswechsel durch Stift
10. Ausfallschritt I (dynamisch)	- hüftbreiter, aufrechter Stand - Zehen nach vorne gerichtet, Füße parallel - einen Fuß nach vorne stellen und Knie beugen - Winkel zwischen vorderen Ober- und Unterschenkel 90° beträgt - hintere Unterschenkel parallel zum Boden - Position kurz halten und zurück in Ausgangsposition drücken --> Seitenwechsel
11. Ausfallschritt II (statisch) + *abgehobener vorderen* *Ferse*	- Ausfallschritt - Gewicht des vorderen Fußes auf Ballen verlagern - Ferse abheben --> Seitenwechsel
12. Ausfallschritt III (statisch) + *abgehobener vorderen* *Ferse* + *Ball fangen/werfen*	- Ausfallschritt mit abgehobener vorderen Ferse - Partner wirft Probanden Ball zu - dieser fängt den Ball und wirft ihn zurück --> Seitenwechsel
13. Sitz auf Pezziball	- Person setzt sich auf einen Pezziball - vorerst haben beide Füße Bodenkontakt - dann werden langsam die Füße vom Boden gehoben und die Probandin muss aus der Hüfte heraus den Sitz ausgleichen

Tabelle 7: Belastungsgefüge Koordinationstraining (eigene Darstellung)

Übung	Sätze	Belastungs- dauer	Satzpause
1. Feldhopser I	1 (pro Richtung)	ca. 3 min	1 min
2. Feldhopser II	1 (pro Richtung)	ca. 3 min	1 min
3. Drehballtanz I	1	ca. 3 min	1 min
4. Drehballtanz II	1	ca. 3 min	1 min
5. Einbeinstand I	2	1 min	30 sek
6. Einbeinstand II + *geschlossenen Augen*	2	1 min	30 sek
7. Standwaage I	2 (pro Seite)	30 sek	30 sek
8. Standwaage II +*Blickrichtungswechsel*	2 (pro Seite)	30 sek	30 sek
9. Standwaage III + *Blickrichtungswechsel* + *Airex-* *kissen*	2 (pro Seite)	30 sek	30 sek
10. Ausfallschritt I (dynamisch)	2 (pro Seite)	10 Wdh	30 sek
11. Ausfallschritt II (statisch) + *abgehobener vorderen Ferse*	2 (pro Seite)	30 sek	30 sek
12. Ausfallschritt III (statisch) + *abgehobener vorderen Ferse* + *Ball fangen/werfen*	2 (pro Seite)	30 sek	30 sek
13. Sitz auf Pezziball	2	30 sek	30 sek

Begründung

Die ersten vier Übungen stammen aus der LifeKinetik. Die Variationen des Feldhopsers und des Drehballtanzes sollen als Vorbereitung auf die Gleichgewichtsübungen dienen. Ziel dieser Ausführungen ist es, die flexible Körperbeherrschung, das visuelle System und das Arbeitszeitgedächtnis zu trainieren (Neureuther, 2009, S. 15). Durch Kombinationen verschiedener regelmäßiger und unregelmäßiger Bewegungen entstehen neue Vernetzungen im Gehirn und alte werden verstärkt. Nachweislich wird bei diesen Koordinationsübungen bereits das Gleichgewicht geschult (Neureuther, 2009, S. 28). Da die Person XY ein solches Training noch nie absolviert hat, wurden die Startübungen ausgewählt und jeweils die nächste Steigerungsmöglichkeit.

Der Einbeinstand ist die Vorstufe aller folgender Übungen und soll das Fußgewölbe und die Fußgelenke vorbereiten. Der Einbeinstand fällt der Person XY allerdings sehr leicht, weshalb in einem nächsten Schritt der Einbeinstand mit geschlossenen Augen durchgeführt werden soll. Die nächste Schwierigkeitsstufe ist die Standwaage, bei der die Person XY durch die Verlagerung des Oberkörpers dem Sprunggelenk einen neuen Reiz gibt. Anschließend soll die Person, nur mit den Augen, einen vom Partner geführten Stift verfolgen. Dadurch kommt das Augen in Bereiche, in denen die Augenmuskulatur nicht mehr oder selten trainiert wird. Dies bewirkt einen Orientierungs- und Gleichgewichtsverlust, dem durch ein solches Training entgegengewirkt werden soll. Diese Übung begünstigt auch Augenfolgebewegungen, um Geschwindigkeiten und Entfernungen richtig einschätzen zu können (Neureuther, 2009, S.22,23). Um dem Fußgelenk einen zusätzlichen Reiz zu geben, soll sich die Person XY danach zusätzlich zur Standwaage und den Augenfolgebewegungen auf ein Airexkissen stellen. Die Probandin läuft viel im Freien und ist somit unentwegt Bodenunebenheiten ausgesetzt. Diese Belastungen müssen rechtzeitig abgefangen und ausgeglichen werden, um die Verletzungsgefahr zu reduzieren. Dies ist allerdings nur möglich wen der Gleichgewichtssinn ausgeprägt ist, da man beim Joggen oft nur mit einem Fuß Bodenkontakt hat. Dafür ist ein starkes Fußgewölbe nötig. Das Airexkissen soll einen unebenen weichen Boden nachahmen. So ist sie auf eine unebene Laufstrecke optimal vorbereitet und schont so auch ihre Knie und den Rücken, indem sie beispielsweise Schläge rechtzeitig abfangen kann.

Bei einer guten Lauftechnik sollte man darauf achten, das Gewicht auf den Mittel- und Vorfuß zu verlagern. Der reine Vorfußlauf kann allerdings nur von Leistungssportlern dauerhaft angewendet werden. Der Ausfallschritt und seine Variationen soll durch die abgehobene Ferse die Balance und Kraft im Vorfuß verbessern. Das Werfen und Fangen des Balls soll die Konzentration vom Fuß und somit dem Gleichgewichtshalten etwas ablenken, um die Ausgleichsbewegung im Fuß zu automatisieren.

Wie am Ende des Beweglichkeitstrainings dient die letzte Übung zur Mobilisation von Hüfte und Rücken, um bei der Probandin nochmals eine Aufrichtung des Oberkörpers hervorzurufen und sowohl die Hüfte als auch den Rücken zu mobilisieren. Zu beachten ist, dass jede Übung sobald die Konzentration merklich nachlässt, abgebrochen werden soll. Dieser Trainingsplan soll maximal dreimal wöchentlich geübt werden.

5 Literaturrecherche zum Thema: Effekte des Dehnens im Hinblick auf die Bewegungsreichweite bzw. auf die Dehnspannung

5.1 Studie 1 - Wie beeinflussen unterschiedliche Dehnintensitäten kurzfristig die Veränderung der Bewegungsreichweite? (Marschall, 1999)

Tabelle 8: Zusammenfassung Studie 1

Allgemeine Informationen	
Wer hat die Studie durchgeführt?	Dr. Franz Marschall (Sportwissenschaftliches Institut der Universität des Saarlandes)
Wann wurde die Studie veröffentlicht?	Januar 1999 in "Deutsche Zeitschrift für Sportmedizin"
Versuchsaufbau	
Versuchspersonen	21 Versuchspersonen (9 Frauen und 12 Männer) Ø : 24,8 Jahre (+/- 3,4 J) 172,9 cm (+/- 8,5 cm), 66,6 kg (+/- 11 kg)
untersuchten Komponenten	DS = Dehnschwelle (submaximales weiches Dehnen) DG = Dehngrenze (submaximales Dehnen) Dmax = maximales Dehnen **--> ischiocrurale Muskulatur**
Hypothesen	**1.** Die Dehnintensitäten wirken sich unterschiedlich auf die Veränderung der Dmax aus. **2:** Während der 15 Wiederholungen kommt es zu verschiedenen Veränderungen der subjektiv angesteuerten Gelenkwinkelbereiche in Abhängigkeit der Dehnintensität --> deutlichere Verschiebung der DS als der Dmax.
Versuchsablauf	1. Eingewöhnungstest zur Ermittlung der D_{max} 2. zufällige Zuteilung der Versuchspersonen in 2 Gruppen ("Weiches Dehnen und "Maximales Dehnen") 3. spezifisches Aufwärmen (Fahrrad und Kniegelenksbeugung) 4. Einnehmen der Dehnposition (15 Wiederholungen ohne Pause aus der Neutral-0°-Position bis zur individuell möglichen Grenze) 5. Erfassung Dmax

Auswertung	

Ergebnisse	- beide Dehnformen bewirken kurzfristig eine Verbesserung der maximalen Bewegungsreichweite ($F_{(1/20)}=87{,}23; p<0{,}001$)
	- Die Gruppe " Maximales Dehnen" erreicht eine höhere Bewegungsreichweite als die Gruppe " Weiches Dehnen"
	- durchschnittliche Differenz zwischen Dmax Vortest und Nachtest
	  " Maximales Dehnen" = 7,24+/- 4,19°
	  " Weiches Dehnen" = 3,29 +/- 4,53°
	- keine Verschiebung der DS

Schlussfolgerungen	Beide Dehnmethoden sind sinnvoll, um kurzfristig die maximale Bewegungsreichweite zu verbessern. Um einen größeren Effekt zu bewirken, sollte man auf das maximale Dehnen zurückgreifen.

5.2 Studie 2 - Bewegungsreichweite, Zugkraft und Muskelaktivität bei eigen- bzw. fremdregulierter Dehnung (Glück, Schwarz, Hoffmann, Wydra, 2002)

Tabelle 9: Zusammenfassung Studie 2

Allgemeine Informationen	
Wer hat die Studie durchgeführt?	S.Glück, M. Schwarz, U. Hoffmann, G. Wydra
Wann wurde die Studie veröffentlicht?	März 2002 in "Deutsche Zeitschrift für Sportmedizin
Versuchsaufbau	
Versuchspersonen	27 Sportstudenten (16 Männer und 11 Frauen) $\varnothing$ = 24,8 Jahre (+/- 1,7 J), 175,6 cm (+/- 7,7 cm), 67,6 kg (+/- 9,6 kg)
untersuchten Komponenten	BRmax = maximale Bewegungsreichweite an der Schmerzgrenze ZK = Zugkraft (bei erster BRmax) ZKmax = maximal tolerierte Zugkraft in maximaler Position %iEMGbiz = Muskelaktivität des M. biceps femoris

Versuchsablauf	- zufällige Einteilung in 3 Gruppen mit je einer Dehnmethode
	  --> DE = direkte Eigendehnung selbstständig über einen Seilzug
	  --> IE = selbstständiges Bedienen eines Elektromotors
	  --> IF = Testleiter steuert Elektromotor durch Zuruf des Probanden
	- Test der Dehnfähigkeit der ischiocruralen Muskeln
	- 1 Woche je 3 Trainings zur Gewöhnung an Dehnmethoden
	- 1 Woche Pause
	- 3-wöchigeTestphase je 1 Test pro Woche

Testablauf	- 5 min Erwärmung (Fahrrad mit 1,5 Watt/kg Körpergewicht) - Bestimmung der Beingewichtskraft - Testbein mit jeweiligen Dehnmethode in maximale Dehnposition bringen (15 Wiederholungen)
Auswertung	

Ergebnisse	BRmax : hochsignifikante Unterscheide zwischen
	  --> DE und IE
	  --> DE und IF
	  --> durchschnittlich 5% höher bei DE als bei einer indirekten Methode
	ZK : keine signifikanten Unterschiede
	ZKmax: keine signifikanten Unterschiede
	%iEMGbiz : keine signifikanten Unterschiede

Auswertung	
Schlussfolgerungen	Eine direkte Eigendehnung erzielt im Hinblick auf die Bewegungs-reichweite die größten Erfolge. Ansonsten sind zwischen den Dehn-methoden keine signifikanten Unterschiede festgestellt worden.

6 Literaturverzeichnis

Albrecht, K. & Meyer, S. (2015). *Stretching und Beweglichkeit.* Stuttgart: Karl F. Haug Verlag in MVS Medizinverlage Stuttgart GmbH & Co. KG.

Glück, S., Schwarz, M., Hoffmann, U., Wydra, G. (2002). *Bewegungsreichweite, Zugkraft und Muskelaktivität bei eigen- bzw. fremdregulierter Dehnung.* Deutsche Zeitschrift für Sportmedizin (53). S.66-71.

Joyce, D. & Lewindon, D. (2016). *Athletiktraining für sportliche Höchstleistungen.* München: riva Verlag.

Marschall, F. (1999). *Wie beeinflussen unterschiedliche Dehnintensitäten kurzfristig die Veränderung der Bewegungsreichweite?.* Deutsche Zeitschrift für Sportmedizin (50). S. 5-9.

Neureuther, F. (2009). *Mein Trainng mit Life Kinetik®.* München: nymphenburger-verlag.

Seijas, G. (2016). *Anatomie & Stretching - Muskeln in Aktion.* Aachen: Meyer & Meyer Verlag.

Trökes, A. (2010). *Das große Yoga-Buch.* München: Gräfe und Unzer Verlag GmbH.

Waesse, H. (1995). *Yoga für Anfänger.* München: Gräfe und Unzer Verlag GmbH.

Walker, B. (2009). *Anatomie des Stretchings.* München: riva Verlag.

7 Tabellenverzeichnis

7.1 Tabellenverzeichnis